RÉFLEXIONS
SUR LE SYSTÊME
DES
NOUVEAUX PHILOSOPHES.

L'homme eſt de glace aux vérités;
Il eſt de feu pour les menſonges.

La Fontaine, livre IX. fable VI.

FRANCFORT.

1761.

RÉFLEXIONS
SUR LE SYSTÊME DES NOUVEAUX PHILOSOPHES.

*A MADAME****

VOUS voulez donc, Madame, ſçavoir ce que je penſe du ſyſtême des nouveaux Philoſophes? Quel plaiſir prendrez-vous aux réflexions d'un homme qui, ayant toujours ſervi juſqu'à ce jour, n'a pu donner quelques heures de loiſir à l'étude, & n'a paſſé que des intervalles de temps fort courts à Paris, le ſéjour ordinaire des Muſes, & peut-être l'unique endroit où l'on puiſſe ſe perfectionner le goût? De quel front encore oſerai-je prononcer ſur les ouvrages de ces Auteurs en faveur de qui le Public eſt ſi prévenu, & dont un ſemble s'être acquis le droit de plaire particuliérement aux Dames ? En eſt-il une qui n'ait pas donné ſon ſuffrage à Zaïre ? On peut douter que cette piéce, qui a valu à l'Auteur tant d'applaudiſſemens de leur part, lui ait fait autant d'honneur auprès des Gens de Lettres. Cependant s'il ne s'agiſſoit ici que de porter un jugement ſur des Ouvrages de cette eſpéce, je ne balancerois pas un inſtant à me mettre du parti des Dames; étant perſuadé que, en fait de ſentiment, le jugement des femmes eſt bien plus ſûr que celui des hommes. Mais comme il n'eſt queſtion que de ce que les nouveaux Philoſophes ont écrit ſur la Religion, je vais parler avec cette ſincérité & cette liberté que l'on attend particuliérement d'un Militaire ; & j'eſpére que vous me pardonnerez, Madame, ſi je ne ſuis pas toujours du même ſentiment que les nouveaux Philoſophes.

Pour bien ſçavoir ce que l'on doit penſer d'un Ouvrage, je crois qu'il eſt à propos d'examiner ce que l'Auteur lui-même en penſe. On dit ordinairement que l'on doit croire qu'un honnête homme penſe tout ce qu'il dit : Il me ſemble que cette regle doit, comme toutes les autres, avoir ſes exceptions ; & en ce cas, ce ſeroit commettre une injuſtice que de n'y pas comprendre les nouveaux Philoſophes. Un homme de probité doit être attaché à ſa Religion, à ſon Roi, à ſa Patrie. Comment pourrai-je me perſuader qu'un homme d'eſprit penſe ſérieuſement ce qu'il dit, quand il parle contre des principes ſi juſtes ? Eſt-il permis de croire les hommes méchans ſans néceſſité ? Cependant comme les nouveaux Philoſophes ont affecté de beaucoup écrire contre la Religion, ſous le prétexte qu'un Philoſophe doit penſer librement, nous allons voir juſqu'où cette liberté de penſer doit s'étendre.

Ceux qui ſe font gloire de penſer librement, & qui croient mériter par-là de paſſer pour des eſprits forts, paroiſſent aux yeux des autres bien différens de ce qu'ils veulent paroître. *Penſer librement*, dit un illuſtre Ecrivain, (*a*) *n'eſt pas une*

(*a*) Queſtions diverſes ſur l'incrédulité. III. queſtion, page 121.

preuve qu'on ait l'esprit fort ; c'est plutôt, à parler en général, un préjugé de foiblesse d'Esprit. Les voilà donc condamnés du premier mot. Mais comme un jugement si prompt & si sévére pourroit révolter, nous allons voir s'ils sont dans le cas d'être jugés avec tant de rigueur.

J'ai avancé pour principe qu'un homme de probité doit être attaché à sa Religion. Je ne prétends point examiner ici les raisons qui doivent nous porter à préférer la Religion Chrétienne à toutes les autres Religions. Je la crois la plus parfaite ; &, dussent les nouveaux Philosophes me regarder comme un homme rempli de foiblesses & de superstition, je ne puis m'empêcher de dire que je la regarde comme la seule Religion que tout homme doit suivre. Pardonnez-moi cette digresſion, Madame ; & nous allons voir ſi un Philoſophe, de quelque Religion qu'il ſoit, a le droit d'écrire contre ſa Religion.

S'il eſt vrai que l'*état de réflexion ſoit un état contre nature, & que l'homme qui médite ſoit un animal dépravé*, (*a*) nous pouvons croire, avec celui qui a mis au jour une penſée ſi conſolante & ſi glorieuſe pour l'homme, que toute Religion en général n'eſt qu'un préjugé. En effet s'il n'eſt pas naturel à l'homme de réfléchir, & s'il ne peut méditer ſans ſe corrompre, il ne lui eſt pas naturel encore de penſer qu'il y a un Etre Suprême à qui il doit ſon hommage & ſa reconnoiſſance ; & quand même cette penſée auroit pû lui venir, comme il ne peut s'y ar-

(*a*) Diſcours ſur l'origine de l'inégalité parmi les hommes, pag. 23.

rêter que par dépravation ; quel avantage aura-t-il retiré d'une réfléxion qu'il ne doit qu'à la corruption de ſon cœur ? Cependant comme cette belle découverte n'eſt rien moins que certaine, & que l'Auteur a bien oſé réfléchir pour la produire, il nous permettra d'avoir recours au même moyen, pour connoître ſi un Philoſophe eſt en droit de donner l'eſſor à ſon imagination aux dépens de ſa Religion.

Celui qui écrit contre ſa Religion ſe déclare partiſan d'une opinion. Pour accréditer & ſoutenir cette opinion, il cherche à ſe faire des diſciples. De-là une diviſion certaine dans l'Etat ; de-là des diſſentions & des haines entre les Citoyens dont les ſentimens ſont différens. Les nouveaux Philoſophes objecteront ſans doute qu'ils ne prétendent point changer la Religion ; mais qu'ils desirent voir dans l'Etat la tolérance de toutes les Religions. Ils ajouteront encore que c'est l'unique moyen de prévenir les désordres affreux du fanatisme, & de voir les Peuples jouir de la tranquillité la plus assurée. Quel est donc ce tolérantisme qu'ils demandent ? N'y en a-t-il pas un raisonnable en France ? Un Juif n'éleve-t-il pas ses enfans dans sa croyance ? Les Protestans n'y jouissent-ils pas d'un repos égal à celui des Catholiques ? Un étranger même, de quelque Religion qu'il soit, ne peut-il pas venir s'établir parmi nous, & y pratiquer sa Religion sans inquiétude, pourvu qu'il ne cherche à séduire & à attirer personne dans son parti ? Qu'ose-t-on exiger de plus ? Que toutes les Religions soient également permises en France, &

que l'on voie dans toutes les Villes autant de Temples, de Synagogue & de Mosquées qu'il y a d'Eglises. Que dirai-je enfin ? Que la Religion Chrétienne n'y soit plus une Religion dominante. Vouloir pousser les choses aussi loin, c'est n'avoir en vue que de faire perdre à nos Rois le glorieux titre de Rois Très-Chrétiens ; & en ce cas, vous avouerez avec moi, Madame, que c'est être bien jaloux des titres. Les Philosophes qui écrivent contre la Religion, & qui demandent un tolérantisme si étendu, ne craignent-ils point qu'on les regarde comme des gens sans principes, & qui ne tiennent à aucune Religion ? Ne pourroit-on pas leur appliquer ce qu'un d'entr'eux n'a pu s'empêcher de dire (a) *on n'en-*

(a) Le siécle de Louis XIV, Tome 4, Chapitre 33.

tendroit plus parler de ces querelles qui deshonorent la raison, & font tort à la Religion ; s'il ne se trouvoit de temps en temps quelques esprits remuans qui cherchent dans des cendres éteintes quelques restes de feu, dont ils essayent de faire un incendie. Je ne crois pas qu'on puisse se condamner soi-même plus formellement. Que doit-on penser de ceux qui, après une sentence si positive, ne cessent d'écrire contre la Religion ?

Qu'il me soit permis d'aller encore plus loin. Je demande aux nouveaux Philosophes qui veulent faire recevoir le tolérantisme, quelle Religion ils prétendent adopter. Ils me laisseront bien supposer qu'ils n'en ont plus aucune. Si toutes les Religions leur sont égales, il faut qu'ils se reconnoissent Athées ; car adopter toutes les Religions à la fois, c'est n'en reconnoître aucune pour vraie ; & ne tenir à aucune Religion, c'est être Athée. Cependant comme ils n'ont point encore franchi le pas, & qu'ils veulent paroître reconnoître un Dieu, il seroit ridicule de se faire à soi-même des difficultés, pour avoir le plaisir de les lever. Nous les croirons donc attachés à une Religion. Mais quelle est-elle ? Est-ce la Religion Chrétienne ? La Juive ? La Mahométane ? La Païenne ? La Naturelle ? Qu'ils choisissent, qu'ils suivent celle qui leur convient le plus ; mais qu'ils déclarent par quelle autorité ils cherchent à se faire des disciples. Qu'un Philosophe confesse de bonne foi quel est le motif qui le porte à écrire contre sa Religion. Est-ce le desir de voir ses Compatriotes heureux ? Il commence par troubler leur repos, pour leur procurer une tranquillité incertaine. Le Peuple élevé dans une Religion ne ſe fait point violence pour la ſuivre. Il lui en coute beaucoup au contraire pour y renoncer. La répugnance qu'il aura à ſe ſoumettre à une nouvelle doctrine, lui cauſera des peines préſentes & certaines pour un bonheur éloigné & douteux. Que perſonne n'écrive contre une Religion, le peuple qui y ſera élevé la ſuivra ſans ſcrupule, & n'éprouvera point ces inquiétudes que les doutes font naître. Il eſt même aiſé de croire que les hommes auroient toujours été heureux, s'ils euſſent conſervé dans ſa pureté la Religion que Dieu leur avoit donnée; & s'ils n'y euſſent pas joint une infinité de Religions plus ridicules & plus abſurdes les unes que les autres. Mais, dira-t-on, qu'importe la multiplicité des Religions dans un Etat ? Chacun ne pourra-t-il pas ſuivre la ſienne, ſans s'embaraſſer de celle des autres ? Tout le peuple ſera alors tranquille & heureux. Cela pourroit être en effet, ſi l'on ne devoit plus voir au monde certains Philoſophes qui mettent leur gloire à combattre les choſes les mieux établies. Qui nous aſſurera que, le tolérantiſme une fois reçu, les Philoſophes n'écriront plus ſur la Religion ? Il eſt naturel à l'homme de ſe croire plus raiſonnable que les autres, & de regarder ſon ſentiment comme le plus juſte & le plus ſûr. Les nouveaux Philoſophes pourront-ils laiſſer chacun dans ſon opinion, & ne pas chercher à faire recevoir leur ſentiment en tous lieux ? Pourquoi renonceroient-ils au projet d'amener tous les hommes à leur but, & de donner leur Religion pour la Religion de tout l'Univers, tandis qu'ils n'ont pu demeurer attachés à celle dans laquelle ils ſont nés ? Quel avantage retirera-t-on de ce Tolérantiſme ſi deſiré, tandis qu'ils ne ceſſeront d'écrire en faveur de la Religion qu'ils auront adoptée, & qu'ils ne s'occuperont qu'à combattre les ſentimens de ceux qu'ils ſçauront leur être oppoſés ? Voilà donc le Tolérantiſme interdit par ceux même qui auront cherché à le faire recevoir ? Voilà donc l'Etat toujours troublé, toujours inquiété, juſqu'à ce que tous les hommes aient adopté la Religion des nouveaux Philoſophes. Pour juſtifier la témérité d'un pareil projet, ſi de telles tentatives peuvent jamais être permiſes, quelle reſſource reſte-t-il à celui qui entreprend de détruire la

Religion de ſa Patrie ? Il prouvera ſans doute que ſa nouvelle Religion eſt plus parfaite & plus avantageuſe. Examinons ſi cette raiſon eſt auſſi ſolide que ſpécieuſe.

Si je ne m'étois pas promis de ne point entrer dans le détail des preuves qui conſtatent la vérité de la Religion Chrétienne, ce ſeroit ſans doute ici le lieu de faire voir aux nouveaux Philoſophes que, quoiqu'il fût permis à tout Philoſophe en général d'écrire contre ſa Religion, un Philoſophe élevé dans la Religion Chrétienne ne peut ſans ſe rendre coupable, uſer d'un droit qui pourroit être accordé aux Philoſophes des autres Religions. En effet quel motif peut porter à la proſcrire ? Si, comme les nouveaux Philoſophes tâchent de perſuader, l'amour ſeul de la vérité les fait parler, quel reproche peuvent-ils faire à la Religion Chrétienne? La morale en est-elle pernicieuse? Elle nous prescrit de suivre toutes les vertus. Est-elle contraire à la sûreté du Gouvernement? Elle oblige à une soumission & une fidélité à toute épreuve envers le Souverain. Il seroit tout à fait injuste de rejetter sur la Religion toutes les horreurs & toutes les cruautés que le fanatisme a fait commettre. La Religion Chrétienne les condamne elle-même; & l'abus que l'on peut faire des choses les plus sacrées, ne doit point porter à les proscrire. Dans quel désordre tomberoient tous les hommes, si un principe aussi faux & aussi pernicieux pouvoit avoir lieu? On s'empressera sans doute de répondre que les dogmes de la Religion Chrétienne sont difficiles à croire. Ceux qui

qui font leur bouclier de cette raiſon n'avoueront-ils pas, s'ils veulent parler ſincérement, qu'il eſt plus facile de ſoumettre ſa foi aux vérités de l'Evangile, que de croire toutes les abſurdités & contradictions dont les autres Religions ſont remplies ? Dira-t-on que la Religion des nouveaux Philoſophes eſt exempte des maximes révoltantes ? Ne nous apprennent-ils pas que Dieu eſt trop au-deſſus de nous pour être touché de nos prieres, & pour exiger nos hommages ? Eſt-il donc plus aiſé de ſe préſenter un Dieu à qui toutes nos actions ſoient indifférentes, que de croire que ce même Dieu ne traitera pas également un jour, & celui qui aura égorgé ſon pere, trahi ſa patrie, détruit la ſeule Religion qui puiſſe l'honorer parfaitement ; & celui qui aura ſacrifié ſon bien pour ſoulager la miſére des pauvres, qui aura expoſé ſes jours pour venger l'innocence opprimée, & qui n'aura jamais connu d'autre plaiſir que celui de faire des actions vertueuſes? Dans quelle fatalité affreuſe ne tomberions-nous pas? La Religion Chrétienne a, je l'avoue, des choſes difficiles à croire. Nous ſera-t-il donc permis de pouſſer les recherches juſqu'au pied des Autels, & de ſonder les Myſteres de la Religion, parce qu'un bel eſprit aura dit? (*a*) *L'eſprit de curioſité donné de Dieu à l'homme, cette impulſion néceſſaire pour nous inſtruire nous emporte ſans ceſſe au-delà du but, comme tous les autres reſſorts de notre ame, qui, s'ils ne pouvoient nous pouſſer trop loin, ne nous*

(*a*) Le ſiécle de Louis XIV. Tome 4. Chapitre 33.

exciteroient peut-être jamais assez. A quels dangers les hommes seroient-ils exposés, si quelques-uns d'entr'eux avoient le droit de donner pour régles tous les écarts de leur imagination ? Si un Philosophe s'égare seul, on peut le plaindre. S'il entraîne d'autres personnes dans ses erreurs, il devient condamnable par l'abus qu'il fait de ses talens, & responsable des égaremens où il a plongé ceux qui ont été assez aveugles pour le suivre. La Religion Chrétienne est vraie & suffisamment prouvée. Cependant on ne voit que trop souvent des personnes d'esprit parler, écrire contre cette même Religion, tandis que tout doit les porter à la respecter. On demandera peut-être pourquoi Dieu, en nous donnant sa Religion, nous a laissés tant de moyens de nous égarer, pourquoi l'homme trouve tant de raisons souvent trop spécieuses pour attaquer une Religion qui est divine, & pourquoi la vérité ne triomphe pas toujours avec éclat. Je n'ai point d'autre réponse à faire que celle que me fournit un Philosophe. (*a*) *Ce n'est pas à l'homme, c'est à son Auteur qu'il faut les adresser ces pourquoi.* C'est ainsi qu'un homme, qui cherche la vérité de bonne foi, fait des retours sincères sur lui-même. Qu'il est beau, qu'il est glorieux de dire? (*b*) *Je n'entends pas qu'on puisse être vertueux sans religion. J'eus long-temps cette opinion trompeuse, dont je suis trop désabusé.* C'est par des réflexions aussi belles qu'il faut juger d'un Ecrivain. Tout ce qu'il dit de con-

(*a*) J. J. Rousseau à M. d'Alembert, page 151.

(*b*) Le même, page 180.

traire doit être regardé comme des saillies, ou plutôt comme des délires auxquels le cœur n'a point de part.

Je sçais, Madame, qu'en lisant les ouvrages des nouveanx Philosophes, on a d'abord de la peine à se persuader qu'ils ne pensent pas tout ce qu'ils disent; mais on revient de cette idée, quand on se donne le temps de bien connoître quelle est leur intention. Si les nouveaux Philosophes vouloient absolument détruire la Religion Chrétienne, ne prendroient-ils pas la peine de former des raisonnemens suivis & concluans? Pourrez-vous, Madame, vous résoudre à regarder Moyse comme un imposteur, & tous les Juifs comme pratiquant une Religion fausse, parce qu'un Philosophe aura dit : (*a*) *Qu'un Historien nous*

(*a*) Pensées Philosophiques. XLVIII.

en impose, ou que tout un Peuple se trompe, ce ne sont pas des prodiges. Ne pourroit-on pas dire avec plus de raison? Que cinq ou six beaux Esprits, qui se font un point d'honneur de ne pas reconnoître la Religion, & de mépriser les choses les plus sacrées & les plus respectables se trompent, ce ne sont pas des prodiges. Il me semble qu'on seroit plus conséquent. Si tous les Philosophes avoient écrit contre la Religion, si tous les grands génies s'étoient élevés contr'elle, & qu'elle n'eût eu pour défenseurs que les moindres Esprits, que ces Ecrivains médiocres que les nouveaux Philosophes regardent comme Peuple, on pourroit avec quelque raison douter de la vérité de la Religion. Mais si le nombre des Philosophes qui l'ont soutenue surpasse le nombre de ceux qui l'ont combattue ; si les Bossuets, les Pascals, les Nicoles sont des génies supérieurs aux Spinosas, aux Hobbes, aux Bayles, n'ai-je pas raison de dire qu'il est naturel de croire que les nouveaux Philosophes se trompent ? Quel reproche auroient-ils à me faire, quand je leur dirois avec un illustre écrivain ? (*a*) *Accuser le monde entier d'erreur & d'aveuglement, se croire avec une poignée d'Hommes aussi téméraires plus pénétrant, plus éclairé, plus sage que le reste du genre humain, c'est une pensée qui n'entre ordinairement que dans un Esprit foible, borné, superficiel.* Mais je m'apperçois que je me suis écarté de mon sujet. Pardonnez-moi cette disgression, Madame, en faveur de la vérité. C'est une hommage qu'un homme de probité ne

(*a*) Questions diverses sur l'incrédulité, III. question, *pag.* 123.

peut lui refuser. J'ai peut-être desiré trop long-temps que les nouveaux Philosophes eussent raison. Leur systême est trop commode, pour n'être pas gouté par des jeunes gens emportés par leurs passions, & qui ne cherchent que les moyens de justifier leur conduite. Mais les réflexions nous suivent malgré nous ; & l'on voit souvent encore des gens se faire gloire dans le monde de donner leur suffrage à un Ouvrage libre & impie, qui de retour chez eux ne sentent que du mépris pour l'Ouvrage & pour l'Auteur. Ceux qui écrivent contre la Religion, ne doivent pas être flatés des louanges qu'on leur donne. Ils ne sont jamais loués que dans le tumulte du monde ; c'est un moment d'yvresse où l'on juge sans connoissance. La réflexion leur est toujours désavantageuse, & l'on va souvent

ſouvent juſqu'à ſe reprocher d'avoir pu donner à la lecture de leurs Ouvrages des momens deſtinés à l'ennui & à la pareſſe. Tel eſt le cœur de l'Homme, il conſerve malgré lui un attachement ſecret pour la vérité. L'erreur & le menſonge ne peuvent jamais en triompher juſqu'au dernier moment. Il vient un temps où le bandeau tombe, & l'on voit les choſes telles qu'elles ſont ; malgré les efforts que nos paſſions nous portent à faire pour nous faire illuſion. Si je ne craignois pas qu'on m'accuſât de moiſſonner dans le champ d'autrui, je dirois que tôt ou tard, le maſque tombe, l'Homme reſte, & l'eſprit fort s'évanouit. Que je ſçais mauvais gré à Rouſſeau de l'avoir dit avant moi! Au reſte Lucrèce l'avoit déja dit avant Rouſſeau; & je crois qu'il en eſt d'une belle penſée ainſi que d'une belle femme ; vous ſçavez, Madame, qu'on la revoit partout avec un plaiſir toujours nouveau.

J'ai promis d'examiner ſi un Philoſophe eſt en droit d'établir une nouvelle Religion, quoiqu'elle ſoit plus parfaite que celle qu'il prétend détruire. Nous avons déja vu que le Tolérantiſſime ne peut ſubſiſter dans un état où les Philoſophes auront la liberté d'écrire ſur la Religion. Tachons de répondre à cette nouvelle objection.

Si les intérêts du Souverain n'étoient pas étroitement liés avec les intérêts de la Religion, ceux qui écrivent contre la Religion pourroient paroître moins coupables aux yeux du Gouvernement. Mais comme il eſt difficile, pour ne pas dire impoſſible, d'attaquer ſa Religion ſans déſobéir à ſon Prince ; il faut ſçavoir ſi un Philoſophe, ſous le prétexte de la Religion, eſt en droit de s'écarter de la ſoumiſſion & de l'attachement qu'il doit à ſon Souverain.

Il n'y a point d'Etat, où il ne ſe trouve une Religion dominante. La Hollande même où toutes les Religions paroiſſent permiſes, regarde la Religion Proteſtante, comme la Religion dominante. Ainſi je ne crois pas qu'on puiſſe dire qu'il y ait un ſeul Etat où toutes les Religions ſoient également ſouffertes & tout à fait indifférentes au Gouvernement. Un Souverain laiſſe à ſes Sujets la liberté de croire ou de ne pas croire ; il n'eſt pas en ſon pouvoir de forcer les eſprits, & les cœurs. On ne voit pas auſſi qu'aucun Souverain employe aujourd'hui la violence pour arracher un aveu qui n'auroit aucun mérite. Cependant ce même Prince qui ne violente perſonne pour l'exercice de ſa Religion, prétend avec raiſon qu'il y en ait une dans ſes Etats. Il ne la tolère pas ſeulement, il l'autoriſe, il la protége contre tous ceux qui oſent l'attaquer. Il la regarde comme le fondement de ſa puiſſance. Il n'ignore pas qu'elle met des devoirs reſpectifs entre les Rois & leurs Sujets ; mais ces devoirs ſont des liens qui lui répondent de la fidélité de ſes Peuples. Ecrire contre cette Religion, c'eſt donc mettre des bornes à cette fidélité que les Souverains ont droit d'exiger. Il ne s'agit pas ici de s'excuſer ſur l'abus qu'un Prince peut faire de ſon autorité. Comme il ne la tient point du Philoſophe, le Philoſophe ne peut avoir aucun droit de s'élever contre elle. D'ailleurs on ne peut jamais regarder comme abus la défenſe de la Religion, & les moyens raiſonnables que le Prince employe pour la conſerver dans ſes Etats. Dira-t-on que les hommes dans l'état de nature ont le droit d'examiner & de rejetter ce qui n'eſt pas de leur goût? Pour jouir d'un pareil privilége, il faut qu'un homme ſe retire dans les forêts de l'Amérique. Encore eſt-il douteux qu'il ne s'y trouve pas de Sauvages qui lui faſſent la guerre. On ſçait assez que l'état de nature eſt un état imaginaire qui n'a jamais exiſté. Je m'en rapporte à ce que dit un Philoſophe qui a le plus d'intérêt à prouver qu'il peut exiſter. (a) *Il eſt évident par les livres ſacrés que le premier homme ayant reçu immé-*

(*a*) Diſcours ſur l'origine de l'inégalité parmi les hommes, *pag.* 5.

diatement de Dieu des lumieres & des préceptes, n'étoit point lui-même dans cet état. Si un Philoſophe ne peut emprunter de l'état de nature le droit de ſe ſouſtraire aux loix, à qui aura-t-il recours pour juſtifier ſa témérité ? Dira-t-il que le Prince lui a permis d'écrire contre la Religion ? On n'a point vu encore émaner de pareil Ordre du Conſeil des Souverains; & leur intérêt s'y oppoſe trop formellement. Eſt-ce l'amour de la Patrie & l'intérêt des Peuples qui fait parler le Philoſophe ? Qu'il prouve donc d'une maniere évidente le bien que le changement de Religion doit procurer aux Peuples. Quand on entreprend de changer la Religion dans un Etat, il ne ſuffit pas de faire entrevoir quelques avantages foibles, paſſagers, douteux, il faut prouver qu'il doit en réſulter un bien évident, un avantage considérable ; en un mot un repos durable & un bonheur réel. Sans ces motifs comment ose-t-on proposer un changement aussi important que celui de la Religion, qui entraînera certainement avec soi dans les commencemens des désordes inévitables, & peut-être de longue durée. Je demande maintenant aux nouveaux Philosophes comment ils pourront prouver ces avantages si nécessaires ? Toutes les Religions, j'excepte la Religion Chrétienne, ne trouveront-elles pas des raisons pour se combattre ? Comme elles sont l'ouvrage de l'homme, elles se sentent de la foiblesse de l'homme. Elles offrent toutes des endroits défectueux par où on peut les attaquer. Si elles recommandent la vertu, elles ne punissent pas toujours le vice ; il y en a même qui le déifient. Ainſi toutes ces différentes Religions n'ayant point Dieu pour Auteur, ſont ſujettes à toutes les révolutions que le temps entraîne avec ſoi. Leurs avantages étant à peu près les mêmes, on n'a point de raiſon ſuffiſante pour quitter l'une en faveur de l'autre. Auſſi voyons-nous que le Gouvernement d'Athênes ne balança point à ſacrifier le plus ſage des Grecs à l'intérêt de l'Etat. Vous ſçavez, Madame, quelle fut la fin de Socrate. Ce grand Philoſophe qui avoit combattu pluſieurs fois pour la défenſe de ſa Patrie, qui enſeignoit à ſes Concitoyens à être ſobres, modérés, ſages, fut accuſé d'impiété & condamné comme criminel d'Etat à boire du jus de ciguë. On dira peut-être que ſa condamnation eſt le comble de l'injuſtice. Nous ne voyons point que, parmi tous les Athéniens, témoins de ſa vertu, aucun ſe ſoit efforcé de le ſouſtraire à la Juſtice. Anytus & Mélitus l'accuſerent d'enſeigner qu'il n'y avoit qu'un Dieu, tandis que toute la République en reconnoiſſoit pluſieurs. Ce fut aſſez pour que Socrate ſe vît condamné à perdre la vie. Ses amis ſe contenterent de pleurer ſa mort, & les perſonnes les plus raiſonnables d'Athènes, en le plaignant d'avoir eu une fin ſi tragique, ne pouvoient s'empêcher de le blâmer de n'avoir pas reſpecté la Religion de ſa Patrie. Si ſes Accuſateurs dans la ſuite furent obligés de ſe ſauver d'Athènes; cette vengeance de la mort de Socrate ne fut qu'une ſatisfaction vaine, & une preuve de l'inconſtance du Peuple. Il étoit vrai cependant que Socrate, en ne reconnoiſſant qu'un Dieu, enſeignoit une vérité. Il y avoit peut-être dans Athènes d'autres perſonnes qui penſoient en ſecret comme lui. Que dis-je, une partie de ſes Juges étoit peut-être de ſon ſentiment. Toutes ces raiſons ne purent les porter à l'abſoudre; & ſa mort ſervit à prouver que la Religion eſt une choſe ſacrée à laquelle on ne peut attenter ſans crime.

On objectera ſans doute, car les objections ne coûtent rien à faire, on objectera, dis-je, qu'il n'y a pas d'exemple qu'un ſeul Citoyen Romain ait été tourmenté pour ſa Religion. Je réponds à cela que ſi l'exemple d'un Peuple peut devenir une raiſon ſuffiſante, j'ai pour moi les Grecs, qui étoient certainement auſſi bons politiques que les Romains. Je puis même ajouter encore que, ſi aucun Citoyen Romain n'a été tourmenté pour ſa Religion, aucun n'a entrepris de détruire la Religion des Romains. Il eſt vrai qu'il n'étoit pas naturel que ce deſir leur vint. Ils n'auroient jamais pu que perdre au change. Quand les Romains furent parvenus au plus haut degré de gloire pour les Conquêtes & pour les Sciences, ils étoient en même temps plongés dans la plus grande débauche. Ils avoient ſans doute alors aſſez de connoiſſances pour voir la fauſſeté de leur Religion; mais elle leur paroiſſoit trop commode pour qu'ils puſſent ſe réſoudre à en changer. S'il ſe trouva parmi eux quelque Philoſophe aſſez éclairé pour remarquer tout le ridicule de leur Religion, il n'oſa du moins entreprendre de le prouver. Cicéron même bien convaincu de la fauſſeté de la Religion Payenne, ne put se dispenser d'intituler un de ses Ouvrages, *De la Nature des Dieux*. Si tous les Philosophes qui ont paru à Rome avant la naissance de Jesus-Christ, avoient des sentimens contraires à ceux de la multitude, ils ne s'ouvroient qu'à quelques-uns de leurs amis; & ne s'affichoient point pour combattre la croyance de tout le Peuple. Je dis plus; s'ils eussent osé l'entreprendre, & qu'ils eussent été dénoncés au Sénat, ce même Sénat n'auroit pu se dispenser de les condamner ; & le Philosophe Latin n'auroit pas eu un sort plus heureux que le Philosophe Grec. On peut dire cependant que les Philosophes Payens avoient un droit d'écrire contre la Religion, que les Philosophes Chrétiens n'ont pas. Tout prouve à ceux-ci la vérité de leur Religion; tout prouvoit aux autres la fausseté de la leur. Ils pouvoient faire voir l'absurdité & l'indécence de leur culte ; tandis que les Chrétiens ne trouvent rien dans les cérémonies de leur Religion qui n'éleve l'homme, rien qui ne lui assure l'immortalité de l'ame. Les Payens au contraire ne voyoient rien qui ne les réduisît à l'état des bêtes, & conséquemment qui ne les humiliât. On sçait assez la manière dont on honoroit la déesse Venus. Les personnes qui avoient quelques vertus en partage étoient révoltées de lui voir sacrifier jusqu'à la pudeur, cette vertu si estimable dans les femmes. Qui croiroit encore qu'on ne pût sans crime s'élever contre une Religion si étrange ? Il est cependant certain que celui qui auroit entrepris de la détruire, auroit été coupable aux yeux du Gouvernement. Comment ſe perſuader que le Sénat eût commis une injuſtice, en ſoutenant les Loix & la Religion de la République. Socrate fut à plaindre d'avoir entrevu une vérité qu'il ne pouvoit déclarer; mais il ne dut point paroître innocent aux yeux de l'Aréopage. Un Philoſophe n'a point le droit de former une Religion; & on regarde avec raiſon tous les Chefs de Religion comme des impoſteurs qui ont abuſé de la crédulité des Peuples.

Il n'eſt pas hors de propos de prévenir ici une objection qu'on peut me faire. Vous croiriez peut-être, Madame, que je voudrois perſuader que c'eſt un crime de tirer les hommes d'une erreur, & conclure qu'on doit demeurer fidèlement attaché à ſa Religion, quelque fauſſe qu'elle ſoit. Si je n'avois égard qu'aux hommes, je pourrois en effet leur conſeiller à tous de ne jamais changer de Religion. Celui qui embraſſe une Religion nouvelle donne lieu de de douter de ſa probité. Comme nous ne pouvons juger des intentions, nous pouvons croire que des motifs purement humains, plutôt que le deſir de ſuivre la vérité, portent un homme à changer de Religion. Cependant je ne prétends pas dire qu'un homme élevé dans l'erreur doit y reſter. Il ne faut qu'une réflexion, pour faire revenir de cette idée. Si Jeſus-Chriſt n'étoit venu ſur terre que comme Philoſophe pour établir ſa Religion, il n'y a pas de doute que les Philoſophes auroient eu le droit d'examiner & ſa morale & ſa doctrine. Qui peut nier qu'un Philoſophe ait le droit de conteſter ce qu'un autre Philoſophe lui propoſe, & de le rejetter même s'il a des raiſons ſuffiſantes ? Comme la Religion regarde tous les hommes en général, tous les hommes en ce cas auroient été Philoſophes ; c'eſt-à-dire auroient eû le droit d'examiner & de rejetter ce qui leur eût trop couté à croire. Mais puiſque Jeſus-Chriſt n'a paru ſur terre que comme Fils de Dieu, & qu'il a prouvé ſa miſſion par une infinité de miracles, il ne reſte aucun droit d'examen & de critique. Sa Loi eſt divine, conſéquemment l'Evangile n'eſt point une thèſe ; & il y a long-temps que Jeſus-Chriſt a ſçû par le choix qu'il fit d'abord d'hommes ſimples & groſſiers pour ſoumettre les hommes à ſa doctrine, confondre d'avance l'orgueil de tous les Philoſophes qui dans la ſuite des temps oſeroient raiſonner ſur ſa Religion. Si les Empereurs Romains, qui ont perſécuté

cuté les Chrétiens, ſont inexcuſables d'avoir employé les tourmens & la violence pour arrêter les progrès du Chriſtianiſme ; ce n'eſt que parce que les Apôtres prêchoient une Religion divine qu'ils prouvoient par une infinité de miracles, dont les Empereurs même ne pouvoient douter. C'eſt une conduite que Dieu a bien voulu tenir à l'égard des Souverains, pour leur ôter le prétexte de pouvoir regarder ſes Serviteurs comme des perturbateurs du repos public. Moyſe fait ſans ceſſe des miracles en préſence de Pharaon. Ainſi quand Dieu afflige le Roi d'Egypte de tant de plaies, il punit ſon endurciſſement & ſa mauvaiſe foi ; parcequ'il ne lui reſte plus aucun lieu d'accuſer Moyſe d'impoſture. On a beau dire que, (a) *Tous les Peuples ont de ces*

(a) Penſées Philoſophiques, XLVIII.

faits à qui, pour être merveilleux, il ne manque que d'être vrais. C'eſt une plaiſanterie qui ne prouve rien, & qui, par l'intention de l'Auteur, peut devenir criminelle. Tous les Peuples ont à la vérité de ces faits qui ſeroient merveilleux, s'ils étoient vrais. Mais tous les Peuples, à l'exception d'un ſeul, n'ont pas de ces faits ſuivis & prouvés l'un par l'autre, de ces faits dont l'origine remonte à la création, & à qui il ne manque rien pour être vrais. Il ne faut pas croire avoir détruit une quantité infinie de vérités par une ſaillie déplacée & qui prouve ſi peu. C'eſt en vain que l'on exige des miracles pour croire une Religion véritable. La Religion Chrétienne eſt la ſeule qui ſe ſoit véritablement établie par des miracles. Mais s'il eſt néceſſaire que les nouveaux Philoſophes en ſoien eux-mêmes témoins pour la croire ; qu'ils nous disent s'ils regardent comme vrais les miracles des autres Religions. Seroient-ils bien flattés qu'on les crut capables d'y ajouter foi ? S'ils exigent des miracles, qu'ils en fassent donc eux-mêmes, pour prouver la divinité de leur mission, & le droit qu'ils ont d'attaquer une Religion répandue par toute la terre, & reconnue pour vraie depuis près de deux mille ans. Combien d'efforts ne font-ils pas pour faire douter des miracles de l'Evangile ? C'est ainsi qu'ils donnent lieu à un miracle toujours nouveau. Qu'ils lisent Abbadie, il leur apprendra que, (*a*) *C'est une chose surprenante que depuis tant de siécles, les sens, l'imagination, les passions du cœur ayent continuellement*

(*a*) Traité de la vérité de la Religion Chrétienne. *Chap.* III.

fourni à l'esprit des hommes des préjugés contraires à cette vérité, sans qu'ils ayent pû en étouffer la lumière. Ce que cet Auteur dit de Dieu, ne puis-je pas le dire de la Religion? Les nouveaux Philosophes ne cessent d'écrire contre elle, & elle ne perd rien de son éclat. Ils n'en croiront rien sans doute. Quand on a lu Abbadie, Huet & d'autres célèbres Ecrivains, & qu'on n'y a rien vu de conséquent, que peut-on s'attendre à voir ailleurs. Qu'ils poursuivent cependant ; le Ciel a encore des foudres pour écraser les Titans.

Je ne sçais ce que vous penserez, Madame, d'un homme qui juge avec tant de rigueur. Si vous écoutez les nouveaux Philosophes, ils vous diront que je suis un fanatique. Cependant si l'on peut reprocher des défauts aux militaires, ce n'est pas celui de pécher par trop de ſcrupule. C'eſt un état où j'ai vu quelquefois de la piété ; mais je n'y ai jamais vu de bigoterie : & l'on peut dire que l'honneur, la ſincérité, l'amour du Roi & de la Patrie ſont des vertus qui caractériſent particulierement le Militaire. Ainſi ſi je parle pour ma Religion, c'eſt que je la crois vraie. Si j'ai ſervi ma Patrie, autant que je l'ai pu, c'eſt que j'y ſuis ſincèrement attaché. Je penſe comme je dois penſer, que m'importe le ſuffrage de ceux que ma ſincérité peut bleſſer. On dira que j'aurois été propre à ſigner la condamnation de Galilée; on ſe trompe. Je la regarde moi-même comme la plus grande injuſtice. Si j'ai paru condamner Socrate, j'ai ſuivi en cela les lumières de la raiſon. Il manquoit aux Loix de ſa Patrie dans le point le plus important. Galilée au contraire enſeignoit une vérité qui ne faiſoit tort ni à la Religion ni à l'Etat. Il étoit indifférent pour la foi que Galilée prouvât que le Soleil eſt immobile, que la terre tourne autour du Soleil, & qu'elle tourne encore ſur ſon axe. Toutes ces découvertes ne peuvent que faire honneur à un Philoſophe, & ſervir aux progrès des Sciences, ſans faire tort à la Religion; & je trouve comme toutes les perſonnes ſenſées, qu'il falloit être barbare & tout à fait ignorant pour condamner Galilée à être mis en priſon, & à faire abjuration, comme s'il eût donné dans une erreur contraire à la foi; & je penſe qu'on auroit eu raiſon de faire enfermer les Inquiſiteurs qui l'avoient condamné, pour leur apprendre qu'ils ne devoient jamais juger ſur des matieres qu'ils n'entendoient pas. Vous voyez, Madame, que je ſuis bien éloigné de juger à la rigueur. Quels reproches ne peut-on pas faire cependant à celui qui ne ceſſe d'écrire contre ſa Religion, & qui en tourne les cérémonies en ridicule ? Celui qui agit ainſi, ne fait-il pas tout le mal qu'il peut faire ? Ne peut-on pas conclure, ſans rien hazarder, que, s'il oſoit troubler les Miniſtres de la Religion dans leurs fonctions, il ne tarderoit pas à ſe donner un plaiſir ſi criminel ? Que répondront les nouveaux Philoſophes ? Que les coups qu'ils portent à la Religion ne ſont pas dangereux. Cela eſt vrai. A voir tout ce qu'ils écrivent contre la Religion, & qui produit ſi peu d'effet, ne croiroit-on pas entendre cette Caſſandre qui s'empreſſoit de dire la bonne aventure à tous les

Troyens, & que personne ne vouloit croire. Les nouveaux Philosophes ne font pas beaucoup de tort à la Religion. Mais est-il permis de témoigner tant de mauvaise volonté ! Si leurs raisonnemens ne sont pas conséquens, ils desirent du moins qu'ils le paroissent. Que pensez-vous, Madame, d'un Philosophe qui, après avoir avancé plusieurs propositions fausses & assez mal soutenues, y joint encore cette pensée, (*a*) *damner un homme pour de mauvais raisonnemens, c'est oublier qu'il est un sot, pour le traiter comme un méchant*? Aurois-je tort de lui appliquer ce que dit Horace? Je vais tâcher de vous en rendre le sens en François.

Si l'on peint à tes yeux Tantale comme avare,
Si tu vois le portrait d'Ixion ou d'Icare,

(*a*) Pensées Philosophiques, XIX.

Tu ris, trop inſenſé Damon:
Par cet ingénieux emblême
Comment ne vois tu pas que, ſous un autre nom,
On a ſçu te peindre toi-même.

Tantalus à labris ſitiens fugientia captat
Flumina. Quid rides ? Mutato nomine, de te
Fabula narratur.

Horat. lib. I. Satyr. I.

Que penſez-vous de cette application ? Ne trouvez-vous pas, Madame, que les nouveaux Philoſophes la meritent bien ? Parmi tous les ouvrages qui ſortent de leurs mains, en eſt-il un ſeul où la Religion ne ſoit attaquée, ſoit directement ſoit indirectement ? Quel motif les porte à la combattre ? Eſt-ce le goût qu'ils ont pour la Satyre ?

Ne trouvent-ils pas ailleurs des sujets pour exercer leur veine satyrique ? Ne peuvent-ils écrire, sans chercher à anéantir une Religion qui est le soutien de l'Etat ? N'est-ce pas la Religion qui empêche le Peuple de se livrer aux murmures & aux séditions dans des temps critiques & malheureux ? N'est-ce pas la Religion qui le soutient dans ses travaux & dans ses peines ? N'est-ce pas la Religion qui lui défend de jetter un regard curieux & criminel sur la conduite de son Souverain ? Un Prince a toutes les qualités du cœur les plus recommandables : il est juste, humain, généreux, aimant son Peuple, desirant de faire des heureux. Mais les temps sont critiques. Le Peuple, qui est éloigné de son Prince, ne peut juger que sur les apparences, doute de ces vertus dont il ne ressent point l'effet. Qui peut retenir alors une multitude que le besoin presse? Si on parvient à lui prouver que la Religion n'est qu'un préjugé, elle regardera bientôt la vertu comme une chimère. Les Loix du Gouvernement, la Police, la crainte des châtimens, pourront-elles contenir des hommes, qui ne sentiront plus de remords en s'abandonnant au crime? J'ai vu dans un ouvrage, où l'on s'efforce de prouver que la vertu n'est rien par elle-même que, (a) *l'on est injuste toutes les fois qu'on peut l'être impunément*. Quels moyens les nouveaux Philosophes fourniront-ils pour prévenir ou arrêter les désordres qui naîtront infailliblement, dès que l'on ne craindra plus la vengeance divine? La Religion des nouveaux Philosophes nous apprend que

(a) De l'esprit, discours II. *chap.* 9.

Dieu ne doit point punir un jour le crime. Quelle raiſon pourra empêcher l'homme de le commettre, quand il lui ſera de quelque utilité, & qu'il croira que l'Auteur en ſera toujours ignoré? Il y a des hommes que la crainte des ſupplices, & l'idée de la Religion ne peuvent en préſerver; que deviendront tous les hommes quand ils croiront pouvoir ſe livrer ſans crainte à toutes leurs paſſions? La puiſſance du Souverain conſiſte en ce qu'il peut employer des hommes fidèles, vertueux, & qui regardent comme un devoir de lui être ſoumis, contre ceux qu'un malheureux penchant porte à faire le crime, & à troubler l'ordre de l'Etat. Si les hommes peuvent un jour ſe perſuader que la vertu n'eſt qu'un préjugé, où trouvera-t-on des hommes vertueux; Quel motif pourra déſormais nous porter au bien ? Quelle reconnoiſſance les Princes ne doivent-ils pas aux Philoſophes, qui apprennent aux hommes que la vertu n'eſt point un bien réel ; c'eſt-à-dire que la ſoumiſſion, la fidélité, la probité ne ſont pas partout des devoirs eſſentiels ; que le Souverain ne doit compter que ſur le pouvoir qu'il a de ſe faire obéir, & ne pas ſe flatter qu'il y ait dans ſes Etats un ſeul Citoyen capable de faire le bien par un principe de vertu. Un Philoſophe n'a-t-il pas bien ſujet de s'écrier ? *On ne croiroit pas que les Souverains euſſent des obligations aux Philoſophes : cependant il eſt vrai que cet eſprit philoſophique qui a gagné preſque toutes les les conditions, excepté le bas Peuple, a beaucoup contribué à faire valoir les droits des Souverains.* La belle façon d'obliger les Souverains ? Les Courtiſans ne doivent-ils pas un remerciement aux Philoſophes qui les annoncent ſi dignement au Souverain ? N'eſt-il pas bien glorieux pour le Prince de ſçavoir qu'il n'a autour de ſa perſonne que des eſprits forts qui ont laiſſé au petit Peuple le ſoin frivole de ſe former à la vertu ?

Je ne ſçais, Madame, ſi tous les hommes ſont également charmés de cette vertu, qui fait leur vrai bonheur. Mais pour moi je penſe que ſi les nouveaux Philoſophes euſſent réuſſi à prouver qu'elle n'eſt qu'un vain phantôme, ils ſeroient toujours des Barbares de nous avoir tirés ſans néceſſité d'une erreur, d'où provenoient des avantages ſi beaux, & ſi eſtimables. N'eſt-il pas plus doux pour nous de penſer que cette grandeur d'ame, cette piété, cette compaſſion pour les malheureux, cet amour de la juſtice ſont des vertus agréables à Dieu, & qui élevent l'homme au-deſſus de lui-même, que de ſçavoir que nous ne faiſons jamais le bien que par un principe d'orgueil ; qu'un fils vertueux qui expoſe ſes jours pour ſauver ſon pere, ſeroit le premier à l'égorger en d'autres lieux, s'il y trouvoit plus d'intérêt, & qu'il pût le faire impunément. Eſt-ce ainſi qu'on apprend aux hommes à devenir des Citoyens zélés, des Sujets fidéles ? Cette réflexion nous mene naturellement à examiner ſi l'homme de probité peut ſe diſpenſer d'être attaché à ſa patrie.

Vous ſerez peut-être ſurpriſe, Madame, d'entendre propoſer un pareil problême. Il eſt cependant très-vrai que d'une vérité ſi palpable, les nouveaux Philoſophes ont fait un paradoxe assez amusant, & tout à fait singulier. Ils ne sont pas encore d'accord en tout point. L'un prétend que l'Univers doit être la patrie du Philosophe, & que tous les hommes doivent lui être égaux. L'autre nous dit que nous serions beaucoup plus heureux de vivre comme les ours & les loups, sans maisons, sans villes, sans société, & d'habiter indifféremment les bois, les campagnes, les forêts, en nous contentant des fruits sauvages que la terre produiroit. Ce systême vous paroîtra ainsi le comble de l'extravagance. Mais lorsqu'il est revêtu des graces de l'élocution, & de la force du style, il est certain qu'il ne paroît plus si révoltant; & l'on peut dire, en le lisant, qu'il n'y a point d'opinion, quelque singuliére qu'elle soit, qu'un homme d'esprit ne puiſſe ſoutenir même avec éloge ; & à laquelle un ſtyle mâle & un ton philoſophique ne puiſſent donner un air de vraiſemblance. C'eſt une juſtice que l'on doit à l'Auteur, & ſi ſon but n'a été que de plaire, il peut ſe flatter d'avoir atteint la fin qu'il s'étoit propoſée. Mais comme ce ſyſtême eſt appuyé ſérieuſement par d'autres Philoſophes, quoique d'une maniere différente, je vais vous faire connoître, Madame, ſi nous pouvons renoncer à l'amour de la Patrie, ſans nous manquer à nous-mêmes.

On reproche aux Anglois que l'amour de la patrie les rend aveugles & injuſtes à l'égard des autres Nations. C'eſt peut-être un défaut dans les Anglois ; mais on conviendra du moins que, ſi un défaut peut être excuſé, celui-là mérite de l'être.

Je demande à ceux qui regardent l'amour de la patrie comme un préjugé, s'il est naturel à un pere d'aimer ses enfans. La tendresse qu'il a pour eux ne doit point à la vérité l'empêcher de rendre justice aux enfans des autres. Il sçaura louer leur mérite, s'ils sont aimables & vertueux; mais il n'en sera pas moins attaché à ses propres enfans. S'il les aime trop, il n'est que foible; s'il ne les aime point du tout, il est barbare. S'il vous falloit choisir entre ces deux défauts, pourriez-vous, Madame, vous résoudre à préférer le dernier? Il est assez inutile de dire qu'un Philosophe doit regarder les hommes avec d'autres yeux, que ceux dont un pere voit ses enfans. Un vrai Philosophe doit voir ses Compatriotes autrement qu'il ne voit le reste des Nations; tout doit les lui rendre plus chers ; & s'il manque à un sentiment si beau, il devient dénaturé.

Pour nous en convaincre davantage, suivons l'homme élevé dès le plus bas âge dans un lieu où il a formé des liaisons intimes, où il ne voit que des personnes qui lui deviennent cheres par les liens du sang & de l'habitude ; entouré d'hommes qui, par la connoissance de son caractere & de ses vertus, se sont sincérement attachés à lui, comment pourra-t-il renoncer à des lieux si beaux, rompre des chaînes si douces, & adopter sans regret tous les autres pays, où il sera à peine connu ? Trouvera-t-il dans des étrangers cet attachement & cette conformité qu'il trouvoit dans ses Compatriotes ? Je ne prétends pas dire que tous nos Compatriotes puissent devenir nos amis. Un véritable ami est un trésor. Socrate se plaignoit qu'il y en avoit peu de son temps. La Fontaine a dit plus de deux mille ans après

> Rien n'est plus commun que le nom,
> Rien n'est plus rare que la chose.

Il n'y a pas lieu de penser qu'ils soient plus communs aujourd'hui. Mais ce que je crois, c'est qu'il y a en nous un fond d'attachement pour tout ce qui est de la patrie, & qui ne se découvre qu'en certaines circonstances. On voit aussi que si deux hommes qui, quoique du même endroit, se voyoient rarement chez eux, se rencontrent en pays étranger, ils se lient de l'amitié la plus sincere, & ne se quittent qu'avec le plus grand regret. Cet attachement étant naturel en nous, il faut donc des efforts pour nous le faire perdre; & comme il est aussi avantageux que naturel, quel motif peut porter les nouveaux Philoſophes à y renoncer pour adopter l'Univers pour patrie. Eſt-ce ainſi qu'ils apprendront à leurs Compatriotes à devenir plus zélés pour l'Etat, plus fidéles à leur Prince. Ils deſirent que tous les hommes deviennent Philoſophes ; c'eſt deſirer que tous les hommes deviennent dénaturés, & ils juſtifient ce que dit un Auteur, que, pour aimer tout le monde, ils n'aiment perſonne.

Je crains, Madame, que vous ne vous révoltiez contre la Philoſophie. Vous ne croyiez pas ſans doute qu'elle pût faire naître des ſentimens auſſi étranges ? J'en ſerois auſſi fâché que vous, ſi cela étoit, mais elle apprend au contraire à l'homme à être bon époux, bon pere, bon Citoyen, La vraie Philoſophie nous rend compatiſſans, charitables, humains envers tous les hommes, & ſincérement attachés à notre Patrie. Tout ce qui eſt oppoſé à de pareils ſentimens eſt étranger à la Philoſophie. Ainſi l'on peut, ſans craindre de lui faire tort, mettre au rebut tout ce que les nouveaux Philoſophes ont écrit, juſqu'à ce qu'il leur plaiſe de nous donner des ouvrages plus utiles & plus conſéquens. Vous ſçavez, Madame, l'hiſtoire de cette femme qui, ayant été condamnée par Philippe, Roi de Macédoine, dans un temps où il n'avoit pas tout ſon bon ſens, lui dit à lui-même, j'en appelle, à qui reprit le Roi? à Philippe à jeun. Ne puis-je pas en appeller auſſi d'un Philoſophe prévenu pour lui-même, aveuglé par ſes paſſions, & mettant ſa gloire à combattre les droits de ſa Religion

& les avantages de ſa Patrie, au même Philoſophe revenu de ſes opinions, & bien décidé à ne ſuivre que les lumieres de la raiſon ?

Il en eſt en effet quelqu'un d'entr'eux à qui la Patrie ne paroît pas ſi indifférente, & qui s'intéreſſent à ſon bonheur. Vous jugerez, Madame, des moyens qu'ils emploient pour le lui procurer. Ils vous paroîtront ſans doute ſinguliers ; mais après tout c'eſt l'amour de la Patrie qui les leur inſpire. En voici un qui peut trouver ici ſa place; vous jugerez des autres par celui-ci. (*a*) *En établiſſant des lieux publics*, c'eſt un nouveau Philoſophe qui parle, *on aſſure le repos des familles, l'augmentation des Citoyens, la ſanté d'une femme vertueuſe, qui dépend abſolument*

(*a*) Critique du ſiécle, Tome II, Lettre XIX.

par les loix du mariage, de la conduite de certaines perſonnes vicieuſes. Enfin on fait un bien réel & ineſtimable, mais on bleſſe les préjugés reçus. On a reproché à Spinoſa de n'avoir écrit que pour ſe faire un nom. On peut dire encore qu'il a ſacrifié l'honneur à ce vain deſir. Quel reproche reſte-t-il à faire aux nouveaux Philoſophes ? Ne faut-il pas avoir une grande fureur d'écrire, pour donner au Public de pareils Ouvrages. Je me trompe, Madame ; nous leur devons de la reconnoiſſance pour les ſoins qu'ils ſe donnent, & les efforts qu'ils font pour ſe rendre utiles à leur Patrie. Juſqu'où ces ſoins ne s'étendent-ils pas ? Ils ne trouvent point que ce ſoit aſſez qu'il y ait dans Paris de ces lieux publics qui n'y ſont tolérés que pour ôter à des gens oiſifs & dé-

bauchés

bauchés un temps qu'ils pourroient employer à des actions plus pernicieuses à l'Etat. Ils veulent encore que ces beaux établissemens deviennent communs par toute la France; qu'il n'y ait point de ville, où l'on ne voie un lieu public; & l'on assurera ainsi le repos des familles. Les maris qui auront où passer le temps, laisseront plus de liberté à leurs femmes; ils ne rentreront chez eux que gais & chantans; & les femmes qui auront été libres pendant ces heures d'absence, n'en seront que de meilleur humeur au retour de leurs maris. Ce sera dans ces lieux publics que les hommes apprendront à devenir plus tendres, plus aimables, plus délicats. Quelle école! n'arrêtons pas la vue davantage sur des lieux qui n'inspirent que du mépris. Je connois trop la délicatesse de vos ſentimens, Madame, pour croire que de pareilles réflexions puiſſent vous amuſer un inſtant. Eh! comment ne regarderiez-vous pas ces objets avec mépris, vous qui nous préſentez l'image de toutes les vertus? Avec quel plaiſir je vois en vous cette grandeur d'ame, & cette noble fierté que la vertu & les ſentimens inſpirent, & qui eſt ſi éloignée de ce ſot orgueil & de cette fierté baſſe que tant de gens tirent de leur naiſſance ou de leurs richeſſes, & qui les rend encore plus mépriſables. C'eſt aſſez parler de vos vertus; un éloge plus long bleſſeroit votre modeſtie. Je reviens au ſyſtême des nouveaux Philoſophes.

Si l'amour de la Patrie n'eſt point un préjugé, un Philoſophe n'eſt point excuſable de chercher à ternir la gloire des grands hommes qui l'ont illuſtrée. J'ai vu dans un fameux Ouvrage de nos jours, que les titres de Grand, de Conquérant qu'on donne aux Rois deviennent inutiles, & ne doivent point faire naître en nous un ſentiment d'admiration pour ceux qui les portent. Ainſi l'on fait remarquer que Louis XIV. dit autant que Louis le Grand, que Charlemagne eſt devenu un nom propre. Cette remarque peut être vraie. Cependant ſi la vérité ſeule a fait parler celui-ci qui l'a faite, qu'il me diſe pour quoi les noms conſacrés à la louange peuvent devenir des noms propres, & pour quoi ceux qui ſont conſacrés au blâme ne le deviendront pas. En liſant l'ouvrage où l'on trouve cette réflexion, on voit aſſez que l'Auteur ne fait pas tout le cas poſſible des plus grands hommes que la France a eus. Il ne cite

Charlemagne, que pour nous dire qu'il a exercé des cruautés dans le Nord au ſujet de la Religion ; il ne parle de Louis XIV. que comme d'un Monarque bien inférieur à Auguſte. On pardonneroit plus aiſément à l'Auteur, s'il choiſiſſoit pour ſes héros des Sujets admirés de tout l'Univers. Mais que direz-vous, Madame, quand vous ſçaurez que Julien l'Apoſtat eſt le héros de ce Philoſophe ? Cet Empereur n'a-t-il pas bien de l'obligation à cet Apologiſte qui le repréſente comme un Prince doué des plus grandes vertus, égal, vrai, doux, humain, éclairé, enfin comme un homme ſans foibleſſe & ſans préjugés ; tandis que l'Hiſtoire nous le peint comme un homme inégal, ſuperſtitieux, cruel & inconſéquent ? Au portrait que cet Auteur nous fait de Julien, ſi je ne l'avois pas nommé d'abord ; n'auriez-vous pas cru qu'il vouloit parler d'un Trajan, d'un Titus, ou d'un Antonin. Ce qu'il y a de plus plaisant, c'est qu'il trouve mauvais qu'un autre Ecrivain, en parlant de ce même Empereur, l'ait désigné par le surnom d'Apostat. Ne se souvient-il plus que les titres ne signifient rien ? Il n'est pas difficile de voir par quel intérêt un nouveau Philosophe parle ainsi de Julien. Il croit qu'il gagneroit beaucoup, s'il avoit, pour appuyer son systême, l'autorité d'un Prince reconnu de toute la terre pour un grand Philosophe. Mais malheureusement on le croit moins que l'Histoire. Qu'il se console ; il y a bien d'autres Princes qui n'ont pas un surnom plus glorieux que Julien l'Apostat. L'Histoire nous parle d'un Pierre le Cruel, d'un

Charles le Téméraire, d'un Chriſtiern le Cruel, d'un Charles l'Inſenſé. Quand un écrivain n'emploie que des noms conſacrés par l'Hiſtoire, il ne manque point aux bienſéances. Il eſt vrai que les titres de Cruel, d'Inſenſé, d'Apoſtat ne ſont pas auſſi honnêtes que ceux de Grand, de Pere du peuple, de Bien-aimé. Mais eſt-ce la faute de l'Ecrivain, ſi ceux qui les portent n'ont pas ſçu en mériter de plus glorieux ? Au reſte les Princes qui ont mérité le titre de Bien-aimé ſont ſi rares, qu'à peine en trouve-t-on deux dans l'Hiſtoire. Heureux ceux qui naiſſent pour les connoître, & vivre ſous leurs loix !

Vous demanderez, peut-être, Madame, pourquoi un Philoſophe défigure ainſi les portraits, & nous les rend méconnoiſſables. C'eſt qu'il s'en trouve qui ſont vains comme les autres hommes. S'ils n'agiſſoient pas ainſi, il faudroit ſe réſoudre à paroître penſer comme les autres; & ils n'auroient pas le plaiſir de renverſer les fondemens de l'hiſtoire pour ſe rendre ſinguliers. N'eſt-il pas bien plus beau de tout blâmer, tout critiquer? La louange eſt un champ ſtérile, comment y moiſſonner des lauriers? Ne vaut-il pas mieux ſe tourner vers la ſatyre? On va quelquefois juſqu'à ſacrifier la probité, l'honneur, la vérité; mais on a la gloire d'amuſer ſes Lecteurs. On ne prétend pas les inſtruire; on eſt heureux, ſi on parvient à leur plaire. Il ne faut pas cependant attribuer à la méchanceté toutes ces opinions fauſſes & hazardées, qui paroiſſent contraires à la bonne foi. Ils nous apprennent eux-mêmes à nous garantir du poiſon qu'ils nous préparent. Ils nous diſent que (a) *l'on peut être touché dans une lecture des beautés frapantes d'un Ouvrage, & condamner enſuite les défauts cachés.* Vous voyez, Madame, qu'ils ne prétendent pas que nous ſoyons les dupes de la beauté de leur ſtyle, & de la richeſſe de leurs expreſſions. S'ils parlent contre la Religion, s'ils écrivent contre la Patrie, c'eſt à nous d'imiter la clémence de cette bonne mere qui pardonne autant qu'elle peut à ſes enfans. D'ailleurs il eſt des momens d'humeur noire où l'on ne peut retenir ſa bile. Ne vous rappellez-vous pas, Madame, d'avoir vu un amant fâché contre ſa maîtreſſe? Dans ces momens de dépit il juroit de renoncer à ſon amour, & de ne plus re-

(a) Le ſiécle de Louis XIV. Tome IV. Chapitre 33.

voir

voir l'objet de ſa flamme. Tous ſes ſermens vous ont-ils jamais perſuadée qu'il fût détaché de ſa paſſion ? Ne diſiez-vous pas au contraire ? Voilà un homme qui eſt fou ; il l'aime plus que jamais. Eh bien ! Madame, la Patrie eſt une maîtreſſe pour tous les hommes. Si on y a reçu des mécontentemens, ſi on y eſt malheureux, on peut s'en plaindre, on peut aller même juſqu'à l'injurier ; on l'appelle ſéjour maudit, terre ingrate ; on lui donne tous les noms odieux que la fureur peut ſuggérer. Que vous dirai-je enfin ? Plus on l'injurie, plus on l'aime. Vous ne feriez peut-être pas ſatisfaite d'un amant, qui ne vous prouveroit ſon amour que par des injures & des imprécations. Il n'eſt pas moins vrai cependant qu'il ſe trouve des perſonnes dont le caractere eſt naturellement grondeur, bourru, & qui n'ont que l'extérieur désagréable. Elles paroissent toujours fâchées, quoiqu'elles ne le soient jamais en effet. Elles contredisent en tout, & finissent toujours par faire ce que vous desirez. Je crois que le parti qu'il faut prendre avec ces personnes là, c'est de leur laisser la liberté de dire tout ce qu'elles veulent ; autant en emporte le vent.

Les nouveaux Philosophes sont d'autant plus en droit de prétendre à l'indulgence des Dames, qu'ils font de temps en temps quelqu'aveu qui leur est tout à fait glorieux. Que peut-on dire de plus avantageux pour elles que ce qui suit ? (*a*) *Le plus charmant objet de la nature, le plus capable d'émouvoir un cœur sensible, &*

(*a*) J. J. Rousseau à M. d'Alembert, page 77.

de le porter au bien, eſt, je l'avoue, une femme aimable & vertueuſe. Mais cet objet céleſte, où ſe cache-t-il? N'êtes-vous pas bien fâchée, Madame, qu'une penſée qui commence ſi bien, ait une ſi vilaine fin? Pour moi j'en veux à l'Auteur, qui nous prive tout à coup d'un bien ineſtimable, & ſemble nous ôter les douceurs de l'eſpérance. Vous voyez cependant qu'il ne tient qu'aux femmes, que nous ne ſoyons vertueux. Je le crois volontiers, car je les aime de tout mon cœur; & je ſens bien qu'il eſt impoſſible de réſiſter aux volontés d'une femme aimable. Il ne faut pas croire que l'Auteur de cette belle penſée n'en ait voulu qu'aux femmes. Tout le genre humain eſt pour lui un ſujet de ſatyre amère; & il s'écrie avec une force étonnante que, (a) *au milieu de tant de Philosophie, d'humanité, de politesse, & de maximes sublimes, nous n'avons qu'un extérieur trompeur & frivole; de l'honneur sans vertu, de la raison sans sagesse, & du plaisir sans bonheur.* Et après des réflexions si sages il conclut que l'homme fera beaucoup mieux d'aller habiter les forêts, & vivre avec les ours. Que pensez-vous, Madame, de cette conséquence? Vous sentez-vous disposée à quitter la société des personnes vertueuses que vous connoissez, & qui ont pour vous une estime sincère. On vient de vous dire qu'elles sont vaines, fausses & trompeuses; & qu'elles ne méritent pas votre attachement. Craignez-vous d'abandonner un époux qui vous est cher,

(a) Discours sur l'origine de l'inégalité parmi les hommes, pag. 182.

& dont vous êtes adorée ? On vous prouvera que, (*a*) *le moral de l'amour est un ſentiment factice né de l'uſage de la ſociété & célébré par les femmes avec beaucoup d'habileté & de ſoin pour établir leur empire, & rendre dominant le ſexe qui devroit obéir.* Il eſt inutile de ſe piquer de délicateſſe & de conſtance. Il faut ſe réſoudre à renoncer à la ſociété du genre humain. Je crois que vous ne ſerez pas ſitôt ſuivie d'autres femmes. On ne revient pas promptement d'un préjugé auſſi ancien. La plus grande partie des femmes aimera mieux haſarder de vivre avec des hommes qu'avec des ours, quoiqu'il y en ait beaucoup qui ſoient pires que les ours ; mais ils ont du moins quelques bons momens. Pour moi qui ſuis rempli de

(*a*) Diſcours ſur l'origine de l'inégalité parmi les hommes, *pag.* 79.

préjugés, je préférerai toujours le plaisir frivole de vivre avec les femmes au bonheur raisonné d'aller me jetter dans la gueule de quelque tigresse. Je n'ignore pas que les femmes sont quelquefois fausses, coquêtes, perfides, légeres; mais elles sont aussi tendres, aimables, sensibles, & rarement aussi cruelles que des tigresses. Ainsi je crois, sans beaucoup réfléchir, que l'homme est encore mieux avec elles dans une maison commode & jolie, que seul avec les ours au milieu des forêts.

Que l'homme est étrange, quand il se livre aux écarts de son imagination! Ne trouvez-vous pas surprenant, Madame, qu'un Philosophe né avec les plus beaux talens, & qui paroît capable de faire les charmes de la société la plus délicate, soit le premier à déclamer contre le genre humain avec autant d'animoſité que l'homme le plus miſantrope pourroit le faire. N'y auroit-il pas lieu de croire qu'il n'auroit jamais vu le monde tel qu'il eſt, & qu'il n'auroit jamais connu que les perſonnes les plus vicieuſes & les plus mépriſables? Cependant quand je vois ce même Philoſophe s'écrier. (*a*) *Ah! ſi la vertu étoit l'ouvrage de l'art, il y a long-temps qu'il l'auroit défigurée.* Je reconnois alors la force de cette vertu, qui le rappelle comme malgré lui aux réflexions les plus ſolides. N'ai-je pas raiſon de dire enſuite que l'homme demeure toujours ſecrettement attaché à ſa Religion & à ſa Patrie? Eh comment pourrois-

(*a*) Diſcours ſur l'Origine de l'inégalité parmi les hommes.

je me perſuader le contraire ? Le vrai coſmopolite, s'il pouvoit exiſter, ſeroit un monſtre également en horreur & à ſes compatriotes & à toutes les Nations de l'Univers.

ODE SUR LA FLATERIE

Lue & couronnée de la séance publique de l'Académie Royale des Sciences & Belles-Lettres de Nancy le 11 *Janvier* 1759.

QUelle ardeur anime ma lyre?
D'où vient le trouble que je sens?
C'est la vérité qui m'inspire?
Elle me prête ses accens.
Oui, c'est toi seule que j'implore
Contre un monstre que l'on abhorre,
Et qu'on ne sçauroit étouffer;
Je n'en veux qu'à la flatterie,
Mais sans toi, vérité chérie,
Comment pourrois-je triompher?

Quelle est votre erreur, grands de monde,
En écoutant de vils flatteurs?
Voyez dans quelle nuit profonde,
Plongent ses lâches imposteurs:

Quel comble d'attentats, de crimes
Où portent leurs fauſſes maximes !
Tout n'eſt qu'horreur & trahiſon ;
En vain ils uſent d'artifice,
S'il n'eût point été de Narciſſe, (*a*)
Il n'eût pas été de Néron.

Quel eſt ce héros dont la gloire
Et le nom remplit l'Univers
Suivi partout de la victoire ?
Quels faits, quels triomphes divers !
Un nouveau jour commence à luire ;
Venez, flatteurs, pour le ſéduire, (*b*)
Tout va lui paroître permis ;
D'un héros humain, débonnaire ,
Vous faites un Dieu ſanguinaire ,
Immolant juſqu'à ſes amis. (*c*)

(*a*) Narciſſe étoit un flatteur de la Cour de Néron, dont ce Prince ſuivit toujours les pernicieux conſeils.

(*b*) Des flatteurs conſeillerent à Alexandre le Grand, Roi de Macedoine, de ſe faire paſſer pour fils de Jupiter.

(*c*) Ce Prince tua Clitus un de ſes favoris dans un feſtin.

A ſes fureurs rien ne s'oppoſe ;
Et les forfaits les plus affreux,
Pour monter à l'apothéoſe
Sont pour lui des degrés heureux.
Ce n'eſt plus ce Roi magnanime
Qui gagnoit le cœur & l'eſtime
Des Peules qu'il avoit domptés ;
Je ne vois en lui qu'un barbare
Que déja le ciel ſe prépare
A punir de ſes cruautés.

Tel vers des plaines éloignées
Un Fleuve grand, majeſtueux,
De ces rives qu'il a baignées
A rendu les Peuples heureux ;
Quand trop enflé par des orages
On le voit porter les ravages
Sur des bords qu'il enrichiſſoit ;
Et fier d'en cauſer la ruine
Traîne avec lui la famine
Où l'abondance fleuriſſoit.

Mais non, je conſens que le crime
Ne trouve point l'impunité ;
Que, s'en être un héros ſublime,
Un Roi chériſſe l'équité.
Bientôt un traître avec adreſſe
Erige en vertu ſa foibleſſe,
Le Prince ſe laiſſe flatter ;
Il va de cet oracle indigne
Devenir le jouet inſigne,
S'il daigne encore l'écouter.

Quoique mille vertus s'uniſſent
Propres à faire des heureux,
Quelquefois les hommes gémiſſent
Sous les Rois les plus vertueux.
Un Prince peut malgré lui-même
Uſer ſur des ſujets qu'il aime
D'un pouvoir qu'il doit ménager ;
En vain il veut être leur Père,
Tant qu'il ignore leur miſère,
Comment peut-il la ſoulager ?

Que j'aime cet illustre Sage
Qui, loin de suivre le torrent,
De la vérité fait usage
Aux dépens même d'un Tyran;
Malgré la basse flatterie
Sur tous les maux de sa Patrie
Il veut lui désiller les yeux;
Et sans redouter sa disgrace
Il ose remontrer en face.
Combien son regne est odieux. (*a*)

O Vous que la louange enivre,
Voyons quelles sont vos vertus!
Depuis quel temps vous voit-on suivre
Les nobles traces d'un Titus?

(*a*) Denis, Tyran de Syracuse, raillant un jour sur la manière de gouverner de Gelon, un des anciens & des meilleurs Rois de Syracuse, Dion, célébre disciple de Platon, lui dit avec une noble fermeté, vous regnez, & l'on se fie à vous à cause de Gelon, mais à cause de vous on ne se fiera plus à personne.

Par bassesse l'on vous admire ;
La grandeur seule vous attire
L'encens dont vous êtes flatté ;
En vain votre orgueil vous rassure,
Tout éloge devient injure
Pour qui ne l'a pas mérité.

Quelle est donc la grandeur réelle
A qui notre hommage soit du ?
Un mortel au devoir fidéle,
A le bien remplir assidu ;
Qui craignant sa propre foiblesse ;
Avec soin regarde sans cesse
La louange comme un appas :
Et prompt à se rendre justice
Ne souffre point qu'on l'applaudisse
Sur tout le bien qu'il ne fait pas.

FIN.